AF186528

Gute Geschichten bessern die Welt.

Hersteller / Manufacturer (GPSR)
Storylution GmbH, Biberstraße 5, 1010 Vienna, Austria
E-Mail: story.one@story.one

Agnes Hämmerle

Hängen geblieben

story.one – Life is a story

schreib's auf
story.one

1. Auflage 2022
© Agnes Hämmerle

Herstellung, Gestaltung und Konzeption:
Verlag story.one publishing - www.story.one
Eine Marke der Storylution GmbH

Gesetzt aus Crimson Text und Lato.
© Fotos: privat

Printed in the European Union.

ISBN: 978-3-7108-1180-7

JEDER TRAUM HAT EIN ENDE

INHALT

Prolog

Was ist nach dem Tod?

Ich meine damit nicht, was im Jenseits passiert oder in welche Welten wir möglicherweise eintreten werden. Viel eher bezieht sich meine Frage darauf, was im irdischen Leben noch mit unseren Körpern passiert.

Was weißt du über eine Bestattung? Was macht ein Bestatter eigentlich genau? Und sind das nicht immer nur Männer?

Was passiert nach der Kremation mit der Asche?

Wie werden Särge gemacht?

Wie wird ein Körper zu Asche?

Gibt es bei Särgen verschiedene Modelle?

Wie kommen die Menschen überhaupt in den Sarg?

Mit der Hilfe des Bestatters. Ohne Hilfe schaffen sie es ja nicht mehr. All diese Fragen haben mich dazu bewegt, bei einem Bestatter anzurufen und mich nach einem Praktikumsplatz zu erkundigen. Hier habe ich erstaunlich viel über das Leben und dessen goldene Seiten gelernt.

Aber natürlich kamen auch die faulen Seiten des Lebens, die es für uns bereithält, nicht zu kurz. In diesen Fällen habe ich gelernt, was ein Bestatter wirklich macht und was mit dem Körper nach dem Tod passiert. Ich habe auch erfahren, wie die Leiche in den Sarg kommt und darin im Krematorium zu Asche wird. Ich habe gesehen, wie Verwesung und Fäulnis am menschlichen Körper aussehen und riechen können, und habe gelernt, mit Angehörigen über Schicksalsschläge zu sprechen. Denn Trauer und Schmerz spielen in diesem Beruf ebenso eine Rolle wie schöne Erinnerungen an die Verstorbenen und ein Lachen am Grab.

Kennzeichnend für meinen Beruf ist die Tatsache, dass ich für alles nur eine Chance habe. Denn beim Urne-aus-der-Kirche-Tragen, bei einer Hausabholung, bei der Urnenversenkung usw. verfolgen die Angehörigen meine Handgriffe meist ganz genau. Deswegen ist der Lernprozess sehr schwierig. Während der Elektriker das Kabel einfach so lange neu einzieht, bis es bei der Steckdose ankommt, habe ich keine Leichen zur Verfügung, bei denen ich zuerst probieren kann.

Das sind aber alles Faktoren, die mich dazu gebracht haben, am Bestatterberuf „hängen zu bleiben". In diesem Buch haben sich kurze Geschichten versammelt, die schildern, was in einem Bestattungsunternehmen passieren kann. Das Geschehen wird so beschrieben, wie es eine junge Frau erlebt hat, die ansonsten mit dem Tod bis dahin so gar nicht in Berührung gekommen war. Erzählt werden tatsächliche Fälle und Ereignisse, die zum Schutz der Verstorbenen und deren Angehörigen anonymisiert wurden.

Mein erster Arbeitstag

Ich weiß bis heute noch nicht, wieso ich mich ausgerechnet für einen Einblick beim Bestatter entschieden habe. Eigentlich habe ich etwas ganz anderes studiert und bin im Zuge des ersten Corona-Sommers auf berufliche Abwege geraten. Und geblieben.

Mein erster Tag sollte so werden, wie man es sich beim Bestatter vorstellt. Manfred, mein Chef, und Gregor, ein Mitarbeiter, sollen eine Verstorbene zu Hause abholen und ich darf mit. Bei Abholungen zu Hause müssen meist die Bestatter die Verstorbenen noch umziehen. Ohne pietätlos wirken zu wollen: Theoretisch verstehe ich das ja, dass man die Oma nicht im Pyjama „aus dem Haus lassen" will. Es werden ihr dann quasi die Sonntagskleider angezogen. Für eine abschließende Verabschiedung der Hinterbliebenen zwar verständlich, aber: Die allermeisten Verstorbenen werden eh verbrannt. Da macht doch die weiße Bluse auch keinen Unterschied mehr? Das Anziehen der Leiche macht mir eigentlich nichts aus, nur hat manchmal die Leichenstarre bereits eingesetzt und der Körper ist sehr hart und die Muskeln kaum zu bewegen. Gregor und Manfred müssen zuerst eine Runde dehnen. Es sieht aus wie Gymnastikübungen mit der Frau. Wie ich im Laufe des Praktikums feststelle, kann die Leichenstarre sehr hartnäckig sein und ich muss in diesen Fällen meine gesamte Muskelkraft einsetzen, um sie zu lösen. Theoretisch ist es auch möglich, dass man dabei jemandem die Schulter auskugelt.

Gedehnt werden müssen die Ellenbogen und die Schulterpartie, das reicht dann auch schon. So kann man alle Kleidungsstücke würdevoll anziehen. Die größte Herausforderung besteht aber darin, den Geruchssinn auszuschalten, was natürlich nicht geht. Ich positioniere mich in sicherer Entfernung, sehe aber auch schon die Fliegen, die durch das offene Fenster hereinkommen. Die Frau ist noch nicht lange tot, aber es ist Sommer und ich werde in den kommenden Wochen sehr schnell lernen, wie schnell Verwesung vonstatten gehen kann. Zusätzlich liegt Kot auf dem Bett und klebt an ihren Beinen, ein gefundenes Fressen für die Insekten. Es stinkt wirklich sehr stark. Es erinnert mich an eine Bahnhofstoilette und ich bin froh, mich auf dem Fluchtweg positioniert zu haben.

Nachdem Manfred und Gregor die Frau angezogen haben, betten sie sie in den Sarg, tragen diesen zum Auto und ab geht's zur Kühlung. Dann wartet auch schon eine weitere Person im Altersheim. Das sei harmlos, deshalb machen das nur Manfred und ich. Und tatsächlich: Ich lebe noch. Es ist auch relativ unspektakulär. Wobei ich natürlich nur den harmlosen und leichteren Teil übernehme, nämlich die Füße. Und sobald der Sarg einmal geschlossen ist und auf dem Rollwagen steht, fühlt man sich wie beim Einkaufen mit einem überdimensional großen Einkaufswagen. Den Sarg müssen wir nur tragen, wenn wir ihn in das Auto heben oder vom Auto auf so einen Rollkarren stellen. Den Rest des Weges legen wir dann rollend zurück, was in einem Altersheim gut geht.

Krematorium

Am Ende des Arbeitstages fahren wir mit zwei Särgen noch einen Sprung ins Krematorium. Ich bekomme sogar noch eine kurze Führung, bei der man auch glauben muss, was sie einem sagen. Genauso wie man auch daran glauben muss, dass das die Asche des Angehörigen ist und kein verbrannter Christbaum. Es klingt allerdings ganz schlüssig, was mir der Mitarbeiter aus dem Krematorium erklärt. Die Verstorbenen werden in einem 940 Grad Celsius heißen Ofen kremiert – auf keinen Fall „verbrannt". Nur Papier und Holz werden verbrannt. Die Toten werden also kremiert, was unterschiedlich lange dauern kann. Das hängt interessanterweise nicht von körperlichen Konstitutionen ab, sondern viel eher vom Krankheitsbild und von den Medikamenten, die eine Person einnehmen musste. Krebspatient:innen brauchen beispielsweise sehr lange bei der Kremation. Die Knochen verbrennen teilweise auch und kommen nach der gewünschten Zeit wieder aus dem Ofen heraus, manche noch in ziemlich großen Teilen. Zuerst werden mit einem Magnet Plomben und künstliche Gelenke herausgenommen und im Anschluss werden die Knochen noch zermahlen, damit tatsächlich Asche entsteht. Die durch die Kremation entstandenen Abgase werden wie mit einer Dunstabzugshaube abgesaugt, umgeleitet, abgekühlt und noch zigmal gefiltert, damit auch alle giftigen und ungesunden Partikel heraußen sind. Diese Kleinstteile kommen in ein „Sammelfass" in Wien und werden dann in diesem bei 3.000 Grad Celsius endgültig verbrannt, beseitigt oder was auch immer.

Wenn sich im Krematorium die Leichen stapeln, kommen sie in einen großen, begehbaren Kühlschrank, in dem über 20 Särge Platz haben. Heißt aber nicht „Kühlschrank", sondern „Ort der Ruhe". Der Kremierungsofen heißt auch nicht „Ofen", sondern „Ort der Wandlung". Soviel zur Macht der Sprache.

Wenn die Urnen vom Krematorium zurückkommen, dann müssen wir die Asche, die in einer schwarzen Kapsel abgeholt werden kann, teilweise umfüllen. Zum Beispiel dann, wenn die Überurne, die sich die Familie ausgesucht hat, biologisch abbaubar ist und in die Erde kommt. Wenn die Kapsel aus dem Krematorium auch weg ist, geht die Verrottung schneller. Die Verwesung der Urne hängt dann von der

Bodenbeschaffenheit des Friedhofs ab. Es gibt auch die Möglichkeit, die Urne in ein Schachtgrab zu betten. Da können auch Stahl- und andere nicht biologisch abbaubare Urnen ausgewählt werden. Wenn wir sie also umfüllen müssen, dann nehmen wir einen großen Trichter und füllen die Asche um. Dann rieselt Herr oder Frau X gemächlich in das nächste Gefäß. Ich muss wieder daran denken, dass das hoffentlich kein alter Christbaum war. Aber ich habe vollstes Vertrauen in die Herren vom Krematorium. Später zu Hause merke ich, dass ich auf dem T-Shirt ein wenig staubig bin. Ich wische es weg. Und dann plötzlich fällt mir ein, dass das ja Asche sein könnte.

Ahhh ...! Blut!

Manfred und ich fahren ins Spital, um eine Dame mittleren Alters abzuholen. Diese ist bosnische Staatsbürgerin und wird in ein paar Tagen nach Bosnien-Herzegowina überführt. Wir wollen sie anziehen und kühl stellen bis ein bosnischer Bestatter kommt und sie abholt. Weil er auch schon den passenden Sarg mitbringt, liegt sie bei uns vorübergehend im Unfallsarg aus Hartplastik. Kennt man aus dem Fernsehen.

Die Spitalsatmosphäre kann jeder Leser aus einem Sonntagsabend-Tatort entnehmen. Je nach Größe des Spitals gibt es unterschiedlich viele Kühlfächer, aus denen Wannen herausgerollt werden können. Darauf liegen die Verstorbenen zugedeckt mit weißen Laken, jedoch nur selten so schön drapiert wie in den Filmen. Meistens liegt der Kopf seitlich, der Mund offen und der Körper schräg, besonders dann, wenn sie friedlich eingeschlafen sind. Schließlich schläft ja niemand stockgerade, damit er dann gut in den Sarg passt. Der Raum ist sehr steril, weiß gekachelt und Chromstahl-Armaturen zieren mindestens eine Wandlänge. Je nach Spital gibt es dann noch einen Lift, mit dem die Verstorbenen pietätvoll von der Wanne in den Sarg gehoben werden können. Wenn es diesen Lift nicht gibt, geht es auch ohne, nur nicht ganz so pietätvoll. Einzige Regel in einer Pathologie: Nie etwas ohne Handschuhe angreifen, man weiß nie, wo ein anderer Arbeiter krankheitserregende Bakterien verteilt hat.

Manfred und ich beginnen wie immer bei den Socken und wollen ihr im Anschluss das pinke Kleid anziehen. Die ersten Handgriffe sitzen noch, aber bevor wir das Kleid fertig angezogen haben, stelle ich schüchtern fest: „Äh ... Manfred ... sie blutet aus der Nase." Und zwar wie – und es hört auch gar nicht mehr auf. Es rinnt und rinnt wie ein Bach, übrigens nicht in Originalblutfarbe, sondern eher dunkel und aus der Ferne flüssiger. Ich entschließe mich für den größten Sicherheitsabstand, den der Raum erlaubt. Wider Erwarten wird mir auch nicht schlecht. Aber es reicht mir auch schon die Ferndiagnose, den Rest überlasse ich freiwillig Manfred, der auch etwas angeekelt versucht, die Blutung zu stillen. Er ist auch fast erfolgreich, aber nur fast, denn sobald er versucht, den Kopf wieder gerade hinzulegen, beginnt es aus dem anderen Nasenloch zu bluten. Irgendwie schaffen wir es aber trotzdem so halbwegs und können sie ins Auto laden. Manfred erkundigt sich noch zwei-, drei Mal über meinen Zustand, aber es geht mir immer noch gut.

Wir stellen den Sarg in den Kühlschrank. Morgen müssen wir aber noch Feinschliff betreiben, wenn dann der Leichentransport nach Bosnien ansteht. Ich bin schon gespannt, aber eigentlich will ich eh dabei sein. Vielleicht werde ich ja ohnmächtig, wenn Gregor versucht, die Blutung endgültig zu stoppen. Man darf gespannt sein.

Oder doch andere menschliche Säfte?

Als wir am nächsten Tag mit der Verschönerung der Frau fortfahren wollen, erfahre ich von Gregor, dass das kein Blut war, das aus allen Gesichtsöffnungen ausgelaufen ist, sondern Magensäfte, was auch die Farbe und die Konsistenz erklärt. Gregor hat bereits versucht, ihr Mund und Nase so herzurichten, dass keine Flüssigkeit mehr auslaufen kann. Dazu gehört nun, zu improvisieren, denn Nähen oder Wunden versorgen darf nur, wer eine Thanatopraxie-Ausbildung hat, was auf niemanden von unserer Firma zutrifft. Eingriffe, die die Würde des Verstorbenen verletzen könnten, wie zum Beispiel Mund oder Wunden zusammen nähen, gelten ohne entsprechende Ausbildung als Leichenschändung.

Nun – soweit der Plan – müssen wir ihr noch die Haare waschen, die im Spital klebrig worden sind. Die schulterlangen Haare der Dame sind dunkelbraun gefärbt und wegen der Magensäure darin strähnig. Wir lagern sie auf unserem

Chromstahl-Pathologietisch und Gregor wäscht und föhnt ihr die Haare. Die ganze Szene wirkt wie beim Frisör, nur ohne nettes Geplauder, in einem sterilen einfachen Raum, der so gar nichts Persönliches bieten kann. Und so kommt es auch, wie es kommen muss. Die Nase und der Mund öffnen sich wieder und Magensäfte rinnen heraus. Gut, dass wir ihr davor das Kleid ausgezogen haben, damit das wenigstens nicht noch mehr verschmutzt wird. Ideal wären jetzt Mini-Tampons, die wir ihr in die Nase schieben könnten.

Irgendwann hat sich Gregor fertig geärgert und wir ziehen sie wieder an und stellen sie kühl. Alles desinfizieren, ihre Reise nach Bosnien beginnt heute. Am Mittag kommt der bosnische Bestatter, der mit Gregor die Frau in sein Auto lädt. Sie wird in zwei Särge verpackt, wobei der innere ein Blechsarg ist und verlötet wird. Ich hoffe für den Fahrer, dass er trotzdem eine Klimaanlage hat. Dieser fährt im Anschluss über Innsbruck und Zell am See nach Wien, holt im Konsulat in Wien einen Stempel ab und fährt dann über Graz nach Bosnien. Es ist nämlich auch behördlich kompliziert.

Ich überlege derweil, ob Zöllner kraft ihres

Amtes den Sarg öffnen dürften. Ich würde es ihnen jedenfalls nicht raten. Der Geruch dürfte nicht der beste sein, in Anbetracht der Tatsache, dass sie bereits vor fünf Tagen verstorben ist und nun noch Pi mal Daumen 800 bis 1000 Kilometer in einem nicht klimatisierten Auto vor sich hat.

Endlich ein Polizeieinsatz!

Von Polizeieinsätzen erwartet man sich viel Blut, viel Mord und viel Totschlag. Meistens trifft keiner der drei Aspekte zu. Hauptsächlich betreffen Polizeieinsätze Menschen, die plötzlich tot umkippen und jünger als 80 Jahre sind. Zusätzliche Herausforderung sind meistens die Uhrzeiten, zu denen die Polizei anruft. Das kann immer sein, mitten in der Nacht, während drei Beerdigungen gleichzeitig laufen oder eben auch, wenn man im Krematorium ist.

Kaum sind wir beim Krematorium, kommt der Anruf, auf den ich mich eigentlich schon immer gefreut habe. Ein Polizeieinsatz! Ich bin gespannt, wie makaber das Ganze wird. Es wird hauptsächlich umständlich, weil mir in der Firma immer noch nicht alle zutrauen, dass ich was draufhabe. Besonders der Seniorchef sieht das kritisch - Frauen gehören seiner Meinung nach nicht in den Außendienst. Mal ehrlich: Ich weiß wirklich nicht, wieso er meinte, unbedingt mitkommen zu müssen - ER ist schließlich derjenige, der mit seinem Rücken Probleme hat und nichts mehr tragen darf. Da bin ich ungesehen schon stärker. Was sich übrigens auch bewahrheiten sollte.

Der Verstorbene liegt im dritten Stock auf einer schwarzen Couch. Polizei, Kriminalpolizei und Spurensicherung stehen daneben. Es ist ziemlich eng im Wohnzimmer und die Rettung hat bereits den gläsernen Couchtisch weggerückt. Gregor und ich richten unsere Sachen, während Hans, der Seniorchef, daneben im Weg steht und meint, kommentieren zu müssen. Beide Polizisten im Raum bieten an zu helfen, was ich ihnen aber ziemlich scharf und direkt verbiete. Als Hans aus dem Zimmer hinausgeht, erkläre ich den beiden, dass ich lieber auf der Stiege zusammenbreche, als dass ich mir helfen lasse, solange Hans an mir zweifelt. Sie schmunzeln, sagen nichts und lassen uns arbeiten. Es läuft wie am Schnürchen, wenn der Herr Senior nicht ständig im Weg stehen würde. Übrigens gibt es einen Lift, also so weit müssen wir eh nicht tragen, nur noch die letzten zehn Stufen. Auch dort schickt Hans mir einen der Kriminalpolizisten, der mir helfen soll. Er steht schon auf der Stiege, während ich das Auto geöffnet habe. Ich vertreibe ihn mit den Worten: „Wehe! Ich mach das selbst!" Er weiß nicht ganz genau, wie ihm geschieht, aber bevor er die Trage in die Hand nehmen kann, ist sie glücklicherweise in meinen Händen.

Auch ich kann zusammen mit Gregor Männer die Stiege heruntertragen, die mehr als 100 Kilo schwer sind, wobei Gregor natürlich die schwerere Hälfte hat. Hans gesteht dann noch ein, dass er mich unterschätzt hat.

Selber Tag, selbe Polizei, anderer Ort

Kaum bin ich mit einem Fuß in der Dusche, klingelt das Handy. Gregor. Wir hätten wieder einen Polizeieinsatz. Dieses Mal treibt es uns ins Ried, weil dort ein Mann auf dem Feld beim Holzschlichten tot zusammengebrochen ist.

Selbe Polizisten und selbes Spurensicherer-Team wie beim Einsatz davor, nur ein anderer Ort. Wir stellen unsere gerade frisch desinfizierte Trage bereit und beginnen, ihn „einzusacken". Randnotiz: Es ist ca. 18 Uhr, der Arzt schätzt 12 Uhr als Todeszeit ein. Es hat 34 Grad in der prallen Sonne, die Haut beginnt sich bereits vom Toten zu lösen. Es geht aber noch relativ gut für mich zu arbeiten. Allzu fest greife ich ihn aber lieber nicht an, bevor seine Haut an meinen Handschuhen klebt.

Die Familie, die sich gerade zu einem Fest bei der Riedhütte versammelt hat, möchte ihn noch einmal anschauen. Polizei, Spurensicherung und wir Bestatter stehen daneben, als sich alle verabschieden. Es kommt zu großem Geschluchze und schlussendlich nehmen wir ihn mit. Weil die Todesursache nicht klar ist, kommt er ins Spital zur Obduktion. In der Gerichtsmedizin packen wir ihn so gut es geht wieder aus, ohne dass wir allzu viel Haut wegreißen, was relativ schwierig ist. Der Geruch ist schwierig zu beschreiben. Eine Mischung aus Heu, Rasen – er lag im halb gemähten Gras – und Moder. Weil er doch schon länger an der Hitze lag, bin ich auf seinen Zustand gespannt, wenn er dann tatsächlich für uns abholbereit ist.

Als wir ihn einen Tag später abholen können, liegt der Geruch der Obduktion noch in der Luft. Eine Mischung aus Verwesung, Desinfektion und menschlichen Dämpfen, Genaueres unbekannt. Der Tote selbst hat wie im Film einen Y-Schnitt im Brust- und Bauchbereich und auch am Schädel ist er zugenäht, weil ihm das Gehirn zur Untersuchung herausgenommen wurde. Alles zusammen nicht so wild. Was mich mehr „beeindruckt", sind der Geruch und die Hautabschürfungen, die von der gestrigen Lagerung an der Sonne kommen. Sprich: Sobald wir ihn angreifen, klebt quasi seine Haut an unseren Handschuhen. Gregor präsentiert den idealen Vergleich: So wie wenn man eine Tomate schält, die zuvor mit heißem Wasser überbrüht wurde. Geht problemlos auch mit menschlicher Haut. Nur dass die Haut viel dünner ist als die Tomatenschale.

Das mit dem Anziehen gestaltet sich eher schwierig. Damit die Kleidung nicht verschmutzt wird, schneiden wir ihm sie teilweise hinten auf, damit sie nicht blutig oder nass wird. Denn in der Wanne, in der er von der Obduktion her liegt, schwimmt Wasser. Jetzt nicht zentimeterweise, aber genug, um uns das Leben schwer zu machen. Das kommt irgendwie auch aus dem Körper heraus. Das Wasser sammelt sich in blasenartigen, faustgroßen Wölbungen an Armen und Oberkörper und wenn diese aufplatzen, schwimmt die Flüssigkeit umher. Weil die Familie ihn gerne noch einmal anschauen möchte, um Abschied zu nehmen, fahren wir zuerst in die Leichenhalle und erst im Anschluss ins Krematorium.

Eines schönen Sonntagnachmittags

Eines schönen Sonntagnachmittags ruft Gregor an. Erneut ein Polizeieinsatz. Irgendwann reicht es dann auch wieder. Aber gut. Es ist jedoch immer noch nichts Spektakuläres passiert. Die Verwandten in Ungarn haben den Verstorbenen vermisst und einen Bekannten aus der Region geschickt, der ihn dann durch das Fenster liegen gesehen hat.

Ein junger Polizist weist uns den Weg und warnt uns wegen des Geruchs vor. Und in der Tat: Eine Duftwolke der besonderen Art trifft uns schon bei der Haustür. Der Verstorbene hat sich angekotzt, angeschissen und angepinkelt, also die volle Palette. Außerdem kommt noch hinzu, dass er vermutlich nicht erst seit zwei Stunden tot ist, sondern eher seit zwei Tagen. Aber wir sind ja keine Ärzte. Der Verwesungsgestank wird aber sowieso von den Exkrementen überlagert. Ich weiß auch nicht, welcher Geruch mir lieber ist.

Bevor wir die Trage in Stellung bringen, legen wir ein Vlies auf den Fußboden, weil der Boden durch die Exkremente klebrig und stinkig ist. Ich habe mir auf den ersten Blick noch überlegt, ob das die Maserung des Parkettbodens ist. Es waren allerdings eingetrocknetes Erbrochenes und Kot - am besten nicht länger darüber nachdenken. Ich spiele zwar ein Blasinstrument, aber am Luftanhalten könnte ich definitiv noch arbeiten, zumindest bei derartigen Fällen.

Jedenfalls nehmen wir auch diesen Mann mit und verwenden dazu einen Leichensack. Das ist ein großer weißer Plastiksack mit Tragegriffen, in dem ein Mensch mit bis zu 250 Kilogramm Platz hat. Das heißt, dass wir ihn auf der Trage in einen Sack einpacken und mit dem Reißverschluss verschließen, in der Hoffnung, dass das mit dem Gestank besser wird. Wir haben so mäßig Erfolg, denn als wir ihn später aus dem Auto ausladen, stinkt das Auto. Aber immerhin besser als ohne Sack. Zudem ist er dicht, auch ein praktischer Vorteil.

Freundlicherweise sollen wir den Herrn aber nicht umziehen, sondern einfach ins Krematorium fahren. Das heißt, dass wir ihn nicht noch einmal auspacken müssen und uns die nächste

Geruchswolke erspart bleibt, wofür ich mich gerne bei der Familie bedanken möchte. Zurück im Geschäft schlägt uns aus dem Kofferraum ein Wahnsinnsgeruch entgegen. Ich lerne also, dass so eine Leichenhülle nur hilft, damit alle Flüssigkeiten beim Verstorbenen bleiben und nicht in unser Auto rinnen. Gegen den Geruch hilft dieser Sack genau gar nichts. Obwohl wir nur schnell in der Garage umsargen, stinkt dann auch die Autogarage. Zum Glück gibt es einen Raumspray, der das alles wieder abtötet. Dann riecht es zwar penetrant nach Zitrone, aber besser als Exkremente. Alles zusammen eine olfaktorische Herausforderung.

Eine hervorragende Erfindung: Foliensärge

Am Dienstagmorgen haben wir noch eine Spezialaufgabe mit einer Frau, die wir im Spital abgeholt haben. Sie wird nach Serbien überführt und wird in einen Foliensarg eingeschweißt. Je nach Zielland gelten verschiedene behördliche Bestimmungen zur Einreise von Verstorbenen. Der Foliensarg ist quasi der Sarg im Sarg. Dieser kann im Zielland aufgeschnitten werden oder nicht. Wenn er nicht aufgeschnitten wird, kann man ihn mitsamt der Leiche kremieren oder bestatten, weil er biologisch abbaubar ist. Dort drinnen kann auch die faulste Leiche nicht mehr nach außen stinken. Einmal in der Folie sind alle Gerüche weggepackt. Eine Erfindung, die mich im Laufe des Praktikums überzeugt!

Das gestaltet sich folgendermaßen: Die Frau wird auf eine Folie gelegt, mit einer anderen zugedeckt und dann auf allen Seiten zugeschweißt. Und das mit einem gewöhnlichen alten Glätteisen der Chefin. Das gehe viel besser als das teure Originalteil. Es geht ewig, genaugenommen ca.

45 Minuten. Aber der Special-Effect kommt erst noch. Ein kleiner Spalt wird freigelassen, durch diesen wird ein Staubsaugerrohr gesteckt und die Luft wird herausgesaugt. Auch dieses Loch wird noch zusammengeschweißt und fertig. Die Folie legt sich dann wie eine weitere Schicht Kleidung um den Körper der Frau. Es sieht aus, als ob man im Supermarkt einen eingeschweißten Fisch für eine Grillparty gekauft hat, nur eben in XXL.

Diese Foliensärge sind genau dann ideal, wenn man Geruchsentwicklung vermeiden oder blockieren will, oder auch wenn Insekten auf den Leichnamen herumkriechen oder um sie herumfliegen. Diese will ich ja nicht in unserer Kühlung haben und schon gar nicht in einer Kirche bei einem Begräbnis.

Foliensärge sind eine verhältnismäßig neue Erfindung, aber viel praktischer, schneller und platzsparender zu lagern als die alten Blechsärge. Diese funktionieren nach dem gleichen Prinzip, nur werden hier Boden und Deckel zusammengelötet. Allerdings braucht es für fast jedes Sargmodell ein eigenes Blechsargmodell, was die Lagerung nicht einfach macht. Außerdem ist die Entsorgung des Blechsargs viel komplizierter. Wir haben auch schon Leichen mit Blechsärgen innerhalb Europas verschickt, aber das Löten fällt mir sehr viel schwerer als das Foliensargzusammenschweißen.

Eine Leiche für alle Sinne – eine Trilogie

Es ist ein später Sommerabend, mein Seniorchef sitzt mit alten Kollegen, alle über siebzig dafür mit ordentlichen Bierbäuchen beim Kartenspielen. Gregor und ich kommen gegen halb neun Uhr abends von einer späten Beerdigung nach Hause. Als ich damit fertig bin, mich umzuziehen, läuft Gregor gerade die Stiege hinauf, als das Bürotelefon klingelt. Gregor bleibt wie angewurzelt auf der Stiege stehen und beginnt schon wieder, sich das Hemd in die Hose zu stopfen. Wird wohl die Polizei sein, die vor neun Uhr abends noch anruft. Und genau so ist es. Ich ziehe mich also wieder um und wir starten eine Expedition in ein Waldgebiet. Wir ahnen schon, dass es kein Honigschlecken wird. Denn aus den Medien haben wir bereits von einer Frau gehört, die von ihrer Familie als vermisst gemeldet wurde. Wir befürchten eine Wanderung und packen Gummistiefel gleich mit ins Auto, damit wir für alle Fälle gewappnet sind.

Nach 20 Minuten Fahrzeit kommen Gregor

und ich langsam in die Nähe des Fundorts. Wir wissen nur, dass wir nach der großen Schreinerei immer geradeaus müssen. Zufällig treffen wir vor der Kirche gerade die Hundestaffel, die an der Suche nach der verstorbenen Person beteiligt war. Wir fragen sie, ob wir richtig sind. Eine Hundeführerin gibt uns aber nur zögerlich Antwort – sie dürfe uns das nicht sagen. Leicht amüsiert weist Gregor sie daraufhin, dass sie einmal die Aufschrift an unserem Auto lesen soll und dass wir nachts nach neun Uhr keine Werbefahrt mehr machen. Prompt hellt sich ihre Miene auf und sie weist uns den Weg: „Immer geradeaus. Die Polizei ist nicht zu übersehen."

Es geht wirklich immer geradeaus in den Wald. Inzwischen sind wir schon durch zwei Fahrverbote gefahren und drei Schranken standen uns offen. Wir halten im inzwischen dunkel gewordenen Wald an und beginnen einen Kaffeetratsch mit einer jungen Polizistin. Zuerst müssen wir noch warten, denn weder die Spurensicherung noch der Arzt waren bereits hier.

Die Polizistin hat lange dunkle Haare und ist geschätzt Ende zwanzig. Sie trägt volle Uniform und ihr Walkie-Talkie knackt und spricht ununterbrochen. Sie schildert uns, was sie weiß: Eine

Frau, die bereits als vermisst gegolten hat, gefunden in den Bäumen. Erhängt. Besser zu riechen als zu sehen. Und weitab vom Weg, im Dickicht, fünf bis zehn Minuten Fußweg von der Straße weg - falls der Weg die Bezeichnung „Straße" verdient hat. Bergrettung, Feuerwehr und Polizei sind vor Ort. Der Weg geht über Baumstämme, Stacheldraht und tiefhängende Äste. Die Polizistin ist bereits auf dem feuchten Waldboden zwischen den Ästen und Wurzeln ausgerutscht und wie sich ein paar Tage später herausstellen soll, hat sie sich das Steißbein stark geprellt. Es entsteht langsam ein Gefühl von Nervosität und makabrer Vorfreude, was mich wohl erwartet. Sie sei wegen des Gestanks nicht näher als zehn Meter zur Leiche gegangen. Das geht für mich als Bestatterin wohl eher nicht.

Immer der Nase nach (2 / 3)

Gregor und ich entscheiden uns nach dieser Schilderung gleich für den Ganzkörperanzug, der aus dem Fernsehen bekannt ist - weißer Overall mit Kapuze, unsere Gummistiefel und genügend Handschuhe. Nach und nach wird es kalt. Ich bin froh, dass ich wenigstens den Plastikanzug anziehen kann. Hoffentlich kommt später noch etwas Adrenalin dazu, dann ist mir wieder warm genug. Außerdem richten wir her: Müllsack, Trage, Vliese und Leichensack.

Nachdem Spurensicherung und Arzt gekommen sind und die Feuerwehr wieder weg ist, bekommen auch wir die Genehmigung zum Weiterfahren. Wir fahren weiter ins Dickicht, soweit es der Weg eben zulässt. Zuerst gehen wir schauen, was wir noch an Material brauchen und was uns genau erwartet.

Ein Mann von der Bergrettung wandert mit uns durch den Wald. Wir stellen fest: Die haben einen super Job gemacht und den Weg bereits relativ gut begehbar gemacht, Äste geschnitten, alle Wege mit Taschenlampen beleuchtet, kleine

Bäume gefällt etc. Die Erzählung der Polizistin von vorhin bestätigt sich. Wir riechen die Frau lange bevor wir sie sehen. Wir müssen noch locker zwei Minuten laufen, bis wir bei der von der Bergrettung ausgeleuchteten Stelle ankommen. Dass ich sie nicht gesehen habe, mag wahrscheinlich auch daran liegen, dass ich nicht damit gerechnet habe, dass sie noch hängt.

Und vor allem hängt sie da schon länger. Sie ist genau genommen bereits so tot, dass sie schon wieder lebt. Beziehungsweise die Käfer und Maden auf und in ihr. Besonders beliebt sind die Körperöffnungen, allen voran das Gesicht. Entweder der Wind geht genau in die andere Richtung und ich rieche deshalb nichts mehr oder ich habe mich an den beißenden Verwesungsgestank gewöhnt.

Wir haben fürs Erste gesehen, was wir brauchen und schlagen uns durch das Gebüsch zurück zum Auto. Wir nehmen die Trage und das restliche Material mit. Zusätzlich für jeden drei Paar Handschuhe übereinander und als wir unter besagtem Baum stehen, ziehen wir uns noch die Kapuze auf. Wir wollen vermeiden, dass der Leichensaft auf uns herabtropft oder irgendwelche Insekten auf uns landen.

Der Vorteil davon, dass sie noch hängt, ist nun folgender: Die Bergrettung seilt die Leiche langsam und direkt in unseren Leichensack ab. Dazu halte ich sie an ihren Füßen und lenke diese so in die richtige Richtung. Gregor kümmert sich darum, dass der Kopf erstens an der Frau dranbleibt und zweitens auch noch in den Sack passt. Reißverschluss zu und gut gegangen.

Nun schnallen wir die Dame an der Trage fest und tragen sie zum Auto. Dabei helfen uns Bergrettung und Polizei, jeder nimmt eine Ecke. Der Rest geht entweder vor oder hinter ihnen und leuchtet ihnen die Strecke aus und sagt ihnen den Weg an: Achtung, Baumstumpf! Langsam! Achtung, Loch! Vorsicht, Ast! Stacheldraht! Ich komme mir ein wenig vor wie bei einem Boot-Camp oder einem Teambuilding-Seminar, bei dem das Ziel ist, etwas Schweres möglichst schnell und sicher durch den stockdunklen Wald zu tragen.

Das große Krabbeln beginnt (3 / 3)

Die Ärzte (inzwischen sind es zwei) wollen die Leiche noch genauer untersuchen. Dazu werden sie zum Feuerwehrhaus bestellt. Dort sollen wir den Sack nochmal öffnen und sie machen noch eine Leichenbeschau.

Als wir den Sack aufmachen, wird mir bewusst, dass vorhin im Wald sicherlich der Wind in die andere Richtung wehte. An diesen Gestank kann man sich in dieser Intensivität und Dosierung sicherlich nie gewöhnen. Wir überlassen das Feld den Ärzten und der Spurensicherung, die die Kleidung auch noch aufschneiden. Sie checken Leichenflecken, Leichenstarre, versuchen Selbstmord oder Fremdverschulden auszuschließen oder zu begründen. Wie ich bereits erwartet habe, wollen sie den Leichnam noch umdrehen. Wobei vorne und hinten in diesem Fall relativ sind, weil die Maden, Käfer und sonstigen Tiere des Waldes vom Gesicht nicht mehr allzu viel übriggelassen haben. Man muss dabei berücksichtigen, dass die Frau vermutlich schon seit einer Woche hängt und das bei Temperaturen über 30 Grad. Das erklärt jedenfalls den Gestank. Das Gesicht ist mit grünem Schleim und Fäulnis befallen und Löcher und Fraßspuren zieren die linke Backe. Allerlei Insekten haben hier volle Arbeit geleistet. Den Hinterkopf erkenne ich nur aufgrund der langen braunen Haare als Hinterkopf. Ansonsten würde ich jedenfalls nicht wetten, wo vorne oder hinten ist. Erkennbar ist genau gar nichts mehr.

Abgesehen vom Gesicht ist auch noch der Brustkorb besonders befallen. Die Füße sind noch am besten intakt. Die Finger sind bereits am Verfaulen, wobei der Mann von der Spurensicherung es noch schafft, Fingerabdrücke zu nehmen. Gregor erklärt mir, dass wir froh sein müssen, dass sie Schuhe anhatte, denn es kann sein, dass die Haut an der Fußsohle nachgibt, wenn man länger hängt, weil das ganze Blut in den Füßen steckt. Da könne es passieren, dass man „ausläuft" – dafür sei dann der Leichnam viel leichter. Na, auch schön. Es hat doch alles positive Aspekte im Leben.

Gregor und ich warten nun, bis alle ihren Job erledigt haben, und beschäftigen uns damit, allerlei Maden und andere fliegende Insekten totzuschlagen, die größten so groß wie mein kleiner Finger. Bereits auf der Straße vor dem Feuerwehrhaus ist riechbar, dass hier etwas im Gange ist. Ein Zitronenspray von uns bringt immer wieder für ein paar Sekunden einen Frischeduft, ist aber aufgrund der großen Beliebtheit auch sehr bald leer.

Neben dem Ehering gibt es außerdem noch eine Halskette, die aus einem Lederband mit Schriftzug besteht. Dieses werte Ding ist bereits mit dem Hals verwachsen und das Leder ist vollgesaugt mit der Fäulnis des Halses.

Nachdem alle Herren fertig untersucht haben, hat die Polizei die Aufgabe, der Familie die Todesnachricht zu überbringen. Wir wenden uns unserer Leiche zu und packen alles zusammen. Weil es kreucht und fleucht und bestialisch stinkt, entscheiden wir uns, die Leiche in einem Foliensarg zu verschweißen. Kurz nach zwei Uhr morgens gehen wir heim.

Bis zur Versenkung

Einen großen Teil meiner Arbeit machen Beerdigungen aus. Dabei werden die Verstorbenen entweder in einer Urne oder in einem Sarg im Boden versenkt. Dazu braucht es zuerst ein passendes Loch. Während es für die Sargbestattungen inzwischen Bagger gibt, die das Grab ausheben, ist das Bohren eines Urnengrabs reinste Muskelarbeit. Dazu haben wir ein schraubenähnliches Werkzeug, mit dem wir von Hand ein urnenbreites Loch in den Boden bohren. Mit jeder Umdrehung laden wir Erde auf unser Werkzeug und heben es nach zwei bis drei Umdrehungen in die Schubkarre neben uns. So kann ein bis zu 70 Zentimeter tiefes Loch mit einem Durchmesser von 22 Zentimeter entstehen.

Das Ausheben des Grabs ist in erster Linie anstrengend, was an der Beschaffenheit des Bodens liegt. Denn in Friedhofsböden liegen Steine, die so groß sind wie meine Faust, oder auch solche, die so groß sind wie mein Kopf. Dazu kommen schenkeldicke Wurzeln, wenn Bäume neben den Gräbern stehen. Außerdem kann es auch sein, dass man auf alte Urnen stößt, die schon länger in den Gräbern ruhen. Oder man gräbt Knochen aus, auch ein realistisches Vorkommnis.

Mein erster Versuch in diesem Prozedere geht jedenfalls sehr schneller schief. Vor allem ist es wirklich eine sehr schweißtreibende Arbeit, besonders wenn die Sonne im Sommer auf den Friedhof brennt. Es geht nur ca. 30 Zentimeter hinunter, als ein großer Stein den ganzen Prozess aufhält. Meine Taktik wäre ja gewesen, die Urne dort zu versenken, der Deckel der Urne wäre dann knapp drei Zentimeter unter der Erde. Gregor sagt, wir machen das Loch zu und probieren ein bisschen links davon, ob wir unsere rund 70 Zentimeter hinunterkommen. Also Loch zu und den ganzen Spaß von vorne beginnen. Weil ich immer noch der Meinung bin, dass ich das machen will, telefoniert Gregor währenddessen und schaut mir am Grabstein lehnend zu.

Zu einer Beerdigung gehört auch eine Aufbahrung der Urne oder des Sargs. Je nachdem findet das in einer Kirche oder in einem neutralen Raum statt. Dabei steht die Urne im Mittelpunkt, dazu ein Holzkreuz, das später auch als provisorischer Grabstein dienen soll. Hinzu kommen noch Bilder der Verstorbenen, persönliche Gegenstände, Kerzen, Blumen etc. Wir sind dafür zuständig, dass alles reibungslos abläuft: Dass der Pfarrer nicht über die Blumen stolpert; dass das Weihwasser an der richtigen Stelle steht, dass gegebenenfalls der Enkel die Urne aus der Kirche tragen möchte, dass die freie Trauerrednerin ihre Rituale durchführen kann usw.

Auch wenn das vielleicht nicht so spektakulär klingt, ist das meine Hauptaufgabe, auch während meines Praktikums. Dabei leiten wir die Familien an und erklären ihnen den Ablauf bis hin zur Versenkung der Urne. Dabei ist es wichtig, Ruhe und Gelassenheit auszustrahlen. Das ist eine schöne und spannende Aufgabe, weil Menschen in der Trauer sehr unterschiedlich reagieren. Die allermeisten Angehörigen sind schlussendlich dankbar für unsere Arbeit. Das ist der schönste Dank.

Todesspringer

Gerade einen Tag vorher habe ich im Freundeskreis noch erzählt, dass ich noch nie jemanden abgeholt habe, der irgendwo hinuntergesprungen ist. Am Sonntagnachmittag ändert sich das aber schlagartig, als wir von der Polizei zum „Betreuten Wohnen" gerufen werden.

Ich weiß noch nicht genau, was mich erwarten wird und nachdem sich das Gebäude gerade im Umbau befindet und das angrenzende Pflegeheim eine Baustelle ist, geht in mir schon das Kopfkino los, dass irgendein fremdländischer Arbeiter tot in einem Container liegt. Es ist aber etwas komplett anderes.

Ein Herr mit Jahrgang 1929 ist aus dem dritten Stock gesprungen. Oder gefallen. Oder gestoßen worden. Jedenfalls liegt er in seinem dunkelblauen Pyjama mit offenem Schädel in einer Blutlache am Boden des Vorplatzes. Am Haaransatz direkt mittig über den Augen klafft ein ca. zwei Zentimeter großes Loch im Schädel, das Gehirn scheint aber drinnen geblieben zu sein. Er ist augenscheinlich auf seine rechte Seite gefallen, denn diese Gesichtshälfte wurde ordentlich in Mitleidenschaft gezogen, auch die Schulter und der Ellenbogen auf dieser Seite. Der hinzugerufene Polizeiarzt sagt uns, dass er ein Phänomen beobachtet hat, das er noch nie gesehen hat. Der Leichnam weist keine Totenflecken auf. Er vermutet, dass es daher kommt, dass alle Organe innerhalb des Körpers zerstört wurden. Neben den Totenflecken sind es die Leichenstarre und die Fäulnis, die einen toten Körper kennzeichnen. Fäulnis und Starre gibt es aber noch nicht, weil die Leiche noch zu frisch ist und die Totenflecken eben auch nicht. Also könnte man in der Theorie annehmen, dass der Herr noch gar nicht tot ist. Aber hinschauen reicht, um sicher zu gehen.

Die Angehörigen erzählen uns später, dass ihnen die Verantwortlichen erklärt haben, dass die Bewohner die Fenster sicher nicht selbstständig öffnen können, weil es eben der dritte Stock ist.

Sei es wie's sei, er ist relativ unschön tot. Aber vielleicht hat er das erreicht, was er wollte. Wir packen ihn in einen Leichensack, stellen ihn in unserem Unfallsarg in die Kühlung und sind Tage später froh, dass Plastik kein Wasser durchlässt. Denn inzwischen sind aus dem Herrn irgendwelche Flüssigkeiten, wie Blut und Urin, ausgeronnen und er selbst liegt jetzt in der eigenen Suppe. Es soll natürlich ausgerechnet eine Erdbestattung werden und keine Kremation.

Exhumierung, erster Akt

Eine Dame möchte ihren Herrn Papa und ihre Frau Mama umbetten und erteilt uns den Auftrag, ihre Familienangehörigen zu exhumieren. Diese wurden vor vier Monaten beziehungsweise vor drei Jahren im Sarg bestattet und sollen jetzt als Urne nach Frankreich gehen.

Nachdem die Bezirkshauptmannschaft, die Friedhofsverwaltung und der Zielfriedhof in Frankreich alle Behördengänge finalisiert haben, können wir die Exhumierungen starten. Wir beginnen am Dienstagmorgen um sieben Uhr früh auf dem Friedhof. Der Totengräber hat am Montag schon vorgearbeitet und kommt im Gegenzug heute zu spät.

Als dann alle versammelt sind, starten wir unser Unterfangen. Wir sind mit zwei Autos da, im Gepäck zwei Särge, falls die alten nicht mehr ganz sind. Im Krematorium haben wir einen Termin, damit unsere Särge gleich kremiert werden und nicht noch zwei Tage herumstehen. Im zweiten Auto ist alles Mögliche an Werkzeug geladen, Planen, Schutzanzüge, Gummistiefel, Akkuschrauber etc.

Bernie, der Totengräber mit dem Bagger, hat noch nie jemanden im Sarg exhumiert und bekommt von uns Anleitungen. Ich habe schon einige Urnen ausgegraben und weiß daher, dass es nichts nützt, wenn wir auf den Sarg stoßen, weil dieser von der Erde rundherum wie einvakuumiert ist und man ihn nicht zu fassen bekommt, um ihn hochzuheben. Ergo: Das Loch muss riesig sein, um den Sarg herauszubekommen. Wenn ich eine Urne ausgrabe, brauche ich ungefähr das Drei- bis Vierfache an Schubkarrenvolumen für die Erde. Dasselbe gilt nun auch für Bernie. Nur glaubt er uns das nicht beziehungsweise nur ungern.

Nebenbei hat er dann auch die berechtigte Angst, dass das Loch so groß wird, dass es mit samt dem Bagger einstürzt, was auch nicht wünschenswert ist. Es ist jedenfalls ein wahnsinniger Kampf, bis der erste Sarg heraußen ist. Der Sarg ist inzwischen von den Baggerzähnen kaputt. Die schöne Theorie, dass der Leichnam mitsamt dem Sarg heraufgeholt werden kann, ist also hinüber. 4.000 Euro für nichts, es war ein Sarg der oberen Preisklasse. Wir dachten, dass so ein teurer Sarg vielleicht in einem besseren Zustand ist.

Nachdem Bernie das Loch nur ungern größer macht und die Gräber links, rechts und vorne und hinten nicht beschädigt werden sollten, heben wir die einzelnen kaputten Sargteile händisch heraus. Unter dem Deckel kommt der Vater der Familie zum Vorschein. Verwesung seit vier Monaten gleich null. Gut, am Kopf bei den Körperöffnungen ist er schon etwas camembertartig. Also so weiß gefleckt geschimmelt, mit einer Prise grün, der Krawattenknopf sitzt aber noch perfekt, genauso der blaue Anzug und das hellblaue Hemd, das extra noch beim Herrenausstatter gekauft wurde. Es stinkt nicht so dramatisch wie erwartet, also noch erträglich. Jede Wasserleiche ist grauenvoller.

Exhumierung, zweiter Akt

Irgendwann – mit sehr viel Gefühl – kann Bernie den Leichnam anheben und wir fädeln einen Leichensack rundherum und ab damit in den Sarg. Zum Glück ist er nicht sehr adipös, sondern normal dick. Leider sah die Friedhofsverwaltung nicht ein, den Friedhof am Morgen ganz zu sperren, mit dem Ergebnis, dass immer wieder Leute vorbeispazieren. Zwar hat der Friedhofsgärtner großräumig ein Flatterband gespannt, auf dem „Achtung! Holzarbeiten" steht, was ja auch ein bisschen stimmt, aber die Menschen sind zu neugierig, als dass sie das vom Näherkommen abhält. Eine Frau meint zickig, dass unsere Arbeit ja wohl nicht so gefährlich sei, als dass sie jetzt nicht zu ihrem Mann aufs Grab zum Gießen kann.

Der Friedhofsgärtner meint, glaube ich, dass ich nur zur Zierde hier bin, staunt dann aber nicht schlecht, dass ich mich so nah an die verwesten Körper traue. Naja, von selber springen die ja nicht in den frischen Sarg …

Die verstorbene Mutter, die bereits seit drei

Jahren in der Erde ist, lässt sich einfacher exhumieren, weil das Loch jetzt schon so groß ist. Bernie ist ganz überrascht, wie leicht das jetzt geht, aber das ist ja genau das, was wir ihm versucht haben zu erklären. Er stellt – wenn er ein Erdgrab aushebt – immer eine Holzkiste auf, die ungefähr fünf Kubikmeter Erde fasst. Dieses Mal hätten wir drei solche Kisten gebraucht. Alles, was nicht in die Kiste gepasst hat, liegt jetzt auf dem Weg und macht den Gafferfaktor auch nicht kleiner.

Diese Verstorbene liegt also ungefähr drei Jahre in der Erde, ist aber trotzdem noch einigermaßen erkennbar. Zumindest für einen Bestatter. Sie liegt nach links abgedreht in ihrem Sarg, denn als der Sargdeckel nach ihrer Bestattung eingebrochen ist, haben die fünf Kubikmeter Erde sich ihren Weg gebahnt. Erkennbar ist nichts mehr am Kopf, auch nicht die grauen Haare, die sie laut Grabfoto hatte. Die Kleidung kann man hingegen noch gut erkennen: rot, violett, weiß gestreift und auf dem Bauch sind die Hände gefaltet. Die können auch noch richtig gut erkannt werden, nur eben flachgedrückt vom Sargdeckel, auf dem ein paar Tonnen Erde lasteten. Das kann man sich ungefähr so vorstellen:

Die Hände falten wie zu einem Gebet und dann fest gegen eine Glasscheibe drücken. So wie es dann auf der anderen Seite des Glases ausschaut, schaut es auch hier aus. Die Hände sind neben dem Oberteil das Einzige, was erkennbar blieb.

Auch sie kann Bernie mit dem Bagger etwas in die Höhe heben. Wir fädeln dann mit einem Leichensack drunter und dann ab mit ihr in den Sarg und anschließend ins Krematorium. Dann das riesige Grab wieder zu baggern, mit dem Friedhofsgärtner Kaffee trinken und alles zusammenräumen.

Resümee

Es stellte sich im Praktikum heraus, dass ich mich schon ziemlich beweisen musste. Wenn nicht immer bewusst, dann unterbewusst. Ich weiß dabei allerdings nicht, wen ich am meisten überzeugen musste – ich zähle mich selbst übrigens auch dazu. Ich wusste ja selbst nicht, auf was ich mich einlasse bei meinem Praktikumsunterfangen. Vermutlich wusste das niemand. Gregor wurde einfach bestellt, dass er die Praktikantin „mal zwei Tage mitnimmt" – mit dem Ergebnis, dass ich mich nicht so ungeschickt angestellt habe und in der Firma geblieben bin.

Von Manfred und ganz besonders von Gregor habe ich insgesamt viel gelernt. Viel mehr, als jemanden, der tot ist, anzuziehen. So etwa den Umgang mit den Angehörigen, den regelmäßigen Friedhofsbesuchern und mit anderen Menschen, die in einen Bestattungsprozess eingebunden sind. Der Tod gehört auch zum Leben und deshalb soll eine Verabschiedung auch menschlich, persönlich und würdig gestaltet werden. Inzwischen habe ich beispielsweise auch ein bisschen verstanden, wieso wir den Verstorbenen noch ein Gwand anziehen. Auch das hat mit dem würdigen Abschied zu tun, den wir alle verdienen. Im Sarg sind alle Menschen gleich, unabhängig von gesellschaftlichen Faktoren. Würde soll hier einfach bedeuten, dass wir als Menschen angesehen werden.

Ohne sensationsgeil wirken zu wollen, haben mir die einzelnen „Extremfälle" ganz besonders gut gefallen: Die Frau relativ am Anfang, der Magensäfte aus der Nase geronnen sind, oder eben auch jene Frau, die sich selbst erhängt hat. Natürlich war das auf den ersten Moment brutal oder schockierend oder wie auch immer, aber vor Ort hat mich selbst am meisten gefreut, dass alles funktioniert hat und dass ich das selbst gemeistert habe. Besonders im Rückblick waren alle diese Fälle auf ihre Art spannend und lehrreich, um über sich selbst hinauszuwachsen und davon in irgendeiner Weise zu profitieren.

Falls ich mir noch etwas wünschen dürfte, wäre das ein freudigerer Totenkult. Ich möchte nicht sagen, dass man um einen geliebten Menschen nicht trauern oder weinen darf, aber oft sind diese Menschen auch von einem Leiden erlöst – physisch oder psychisch. Außerdem leben die Erinnerungen an jemanden auch weiter, wenn er oder sie gestorben ist.

Es war jedenfalls sehr lehrreich und vielleicht das beste Praktikum, das man jemals machen kann. Natürlich sind Erlebnisse oder Eindrücke dabei, die man nicht unbedingt machen will, aber solange ich damit klarkomme und nicht davon träume oder davon verfolgt werde, denke ich, dass ich das gut gemeistert habe. Erfahrungen wie diese kann ich nicht rückgängig machen, aber ich kann daran wachsen und davon lernen. Die Anblicke, die Gerüche, all das gibt es ja trotzdem. Jemand muss die Arbeit machen. Und das bin dann wohl ich. Ich glaube schon auch, dass ich in den letzten Wochen etwas vom Leben gelernt habe.

Agnes Hämmerle

Fand durch die Pandemie zum wohl spannendsten Job, den das Leben zu bieten hat: Bestatterin. Ursprünglich hat sie etwas ganz anderes gelernt und lernt nun täglich das Leben, seine Schatten- aber auch Sonnenseiten kennen. Den Anfang nahm ein Praktikum in einem Bestattungsunternehmen, bei dem sie bis heute geblieben ist. Hier regelt sie den Ablauf von Trauerfeiern, holt Verstorbene ab, versorgt diese und macht Gräber. Außerdem hinterlässt sie bei Angehörigen Staunen, dass eine Frau Mitte 20 diesen Beruf wählt. Das erste Buch soll nun eine Sammlung einzelner Geschichten sein, die sich während des Praktikums abgespielt haben - also echt real life.

Agnes Hämmerle schreibt auf

www.story.one

schreib's auf
story.one

Faszination Buch neu erfunden

Viele Menschen hegen den geheimen Wunsch, einmal ihr eigenes Buch zu veröffentlichen. Bisher konnten sich nur wenige Auserwählte diesen Traum erfüllen. Gerade mal 1 Million Autoren gibt es heute – das sind nur 0,0013% der Weltbevölkerung.

Wie publiziert man ein eigenes story.one Buch? Alles, was benötigt wird, ist ein (kostenloser) Account auf story.one. Ein Buch besteht aus zumindest 12 Geschichten, die auf story.one veröffentlicht und dann mit wenigen Clicks angeordnet werden. Und durch eine individuelle ISBN kann jedes Buch dann weltweit bestellt werden.

Jede lange Reise beginnt mit dem ersten Schritt – und dein Buch mit einer ersten Story.

Wo aus Geschichten Bücher werden.

#storyone #livetotell

FSC
www.fsc.org

MIX

Papier | Fördert
gute Waldnutzung

FSC® C083411

Zeitfracht Medien GmbH
Ferdinand-Jühlke-Straße 7
99095 Erfurt, Deutschland
produktsicherheit@kolibri360.de